21.
APRIL

Das ist Dein Tag

DEIN STAMMBAUM

| Urgroßvater | Urgroßmutter | Urgroßvater | Urgroßmutter |

Großmutter

Großvater

VORNAME UND NAME:

....

GEBOREN AM:

....

Mutter

UHRZEIT:

....

GEWICHT UND GRÖSSE:

....

STADT:

Ich

....

LAND:

....

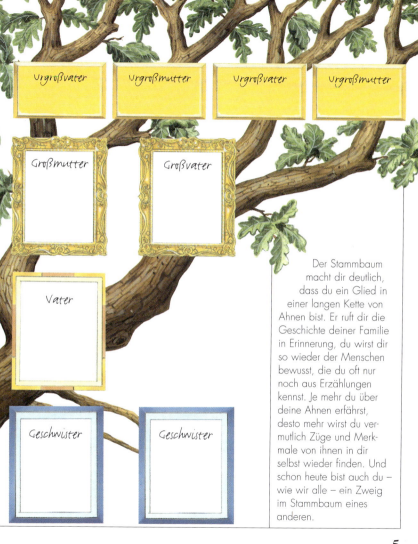

Der Stammbaum macht dir deutlich, dass du ein Glied in einer langen Kette von Ahnen bist. Er ruft dir die Geschichte deiner Familie in Erinnerung, du wirst dir so wieder der Menschen bewusst, die du oft nur noch aus Erzählungen kennst. Je mehr du über deine Ahnen erfährst, desto mehr wirst du vermutlich Züge und Merkmale von ihnen in dir selbst wieder finden. Und schon heute bist auch du – wie wir alle – ein Zweig im Stammbaum eines anderen.

Der Kreis des Kalenders

Was wären wir ohne unseren Kalender, in dem wir Geburtstage, Termine und Feiertage notieren? Julius Cäsar führte 46 v. Chr. den Julianischen Kalender ein, der sich allein nach dem Sonnenjahr richtete. Aber Cäsar geriet das Jahr ein wenig zu kurz, und um 1600 musste eine Abweichung von zehn Tagen vom Sonnenjahr konstatiert werden. Der daraufhin von Papst Gregor XII. entwickelte Gregorianische Kalender ist zuverlässiger. Erst nach 3.000 Jahren weicht er um einen Tag ab. In Europa setzte er sich jedoch nur allmählich durch. Russland führte ihn zum Beispiel erst 1918 ein, deshalb gibt es für den Geburtstag Peters des Großen zwei verschiedene Daten.

Die Zyklen von Sonne und Mond sind unterschiedlich. Manche Kulturen folgen in ihrer Zeit-

rechnung und damit in ihrem Kalender dem Mond, andere der Sonne. Gemeinsam ist allen Kalendern, dass sie uns an die vergehende Zeit erinnern, ohne die es natürlich auch keinen Geburtstag gäbe.

DER KREIS DES KALENDERS

Die Erde dreht sich von West nach Ost innerhalb von 24 Stunden einmal um ihre Achse und umkreist als der dritte von neun Planeten die Sonne. All diese Planeten zusammen bilden unser Sonnensystem. Die Sonne selbst ist ein brennender Ball aus gigantisch heißen Gasen, im Durchmesser mehr als 100-mal größer als die Erde. Doch die Sonne ist nur einer unter aberhundert Millionen Sternen, die unsere Milchstraße bilden; zufällig ist sie der Stern, der unserer Erde am nächsten liegt. Der Mond braucht für eine Erdumrundung etwa 28 Tage, was einem Mondmonat entspricht. Und die Erde wiederum dreht sich in 365 Tagen und sechs Stunden, etwas mehr als einem Jahr, um die Sonne. Das Sonnenjahr teilt sich in zwölf Monate und elf Tage, weshalb einige Monate zum Ausgleich 31 statt 30 Tage haben.

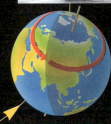

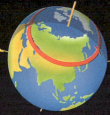

Die Erdhalbkugeln haben konträre Jahreszeiten.

So wirken die Sterne

Die Sonne, der Mond und die Planeten folgen festen Himmelsbahnen, die sie immer wieder an zwölf unveränderten Sternbildern vorbeiführen. Ein vollständiger Umlauf wird in 360 Gradschritte unterteilt. Die Sonne befindet sich etwa einen Monat in jeweils einem dieser Zeichen, was einem Abschnitt von 30 Grad entspricht. Da die meisten dieser Sternkonstellationen von alters her Tiernamen erhielten, wurde dieser regelmäßige Zyklus auch Zodiakus oder Tierkreis genannt.

Schon früh beobachteten die Menschen, dass bestimmte Sterne ganz speziell geformte, unveränderliche Gruppen bilden. Diesen Sternbildern gaben sie Namen aus dem Tierreich oder aus der Mythologie. So entstanden unsere heutigen Tierkreiszeichen, die sich in 4.000 Jahren kaum verändert haben. Die festen Himmelsmarken waren von großem praktischen Wert: Sie dienten den Seefahrern zur Navigation. Zugleich beflügelten sie aber auch die Phantasie. Die Astrologen gingen davon aus, dass die Sterne, zusammen mit dem Mond, unser Leben stark beeinflussen, und nutzten die Tierkreiszeichen zur Deutung von Schicksal und Charakter eines Menschen.

SO WIRKEN DIE STERNE

WIDDER: 21. März bis 20. April

STIER: 21. April bis 20. Mai

ZWILLING: 21. Mai bis 22. Juni

KREBS: 23. Juni bis 22. Juli

LÖWE: 23. Juli bis 23. August

JUNGFRAU: 24. August bis 23. September

WAAGE: 24. September bis 23. Oktober

SKORPION: 24. Oktober bis 22. November

SCHÜTZE: 23. November bis 21. Dezember

STEINBOCK: 22. Dezember bis 20. Januar

WASSERMANN: 21. Januar bis 19. Februar

FISCHE: 20. Februar bis 20. März

Im Zeichen des Mondes

Den Tierkreiszeichen werden jeweils bestimmte Planeten zugeordnet: Dem Steinbock ist der Planet Saturn, dem Wassermann Uranus, den Fischen Neptun, dem Widder Mars, dem Stier Venus und dem Zwilling Merkur zugeordnet; der Planet des Krebses ist der Mond, für den Löwen ist es die Sonne. Manche Planeten sind auch mehreren Tierkreiszeichen zugeordnet. So ist der Planet der Jungfrau wie der des Zwillings Merkur. Der Planet der Waage ist wie bereits beim Stier Venus. Die Tierkreiszeichen Skorpion und Schütze haben in Pluto und Jupiter ihren jeweiligen Planeten.

Der Mond wandert in etwa einem Monat durch alle zwölf Tierkreiszeichen. Das heißt, dass er sich in jedem Zeichen zwei bis drei Tage aufhält. Er gibt dadurch den Tagen eine besondere Färbung, die du als Stier anders empfindest als andere Sternzeichen.

In welchem Zeichen der Mond heute steht, erfährst du aus jedem gängigen Mondkalender. Der Mond im **Widder** wirkt wie ein Muntermacher. Der bequeme Stier kommt schneller in die Gänge. Was passiert, wenn Beharrlichkeit sich potenziert? Wenn **Stier**-Tag ist, dann erfährt es bald jeder. Ist der Mond im **Zwilling**, haben Pavarotti & Co. ausgespielt,

Unser Sonnensystem mit den neun Planeten

Stiere singen an diesen Tagen besser als die gesamte Weltelite. Auf den Mond im **Krebs** reagiert der Stier sentimental. Wünscht man sich aber sein Lieblingsgericht, verfliegt diese Laune augenblicklich und er startet eine Kochorgie. Wenn ein Stier mit stolzgeschwellter Brust aus einer wichtigen Besprechung kommt, dann ist ohne Zweifel **Löwe**-Mond. Wenn ein Stier einmal vernünftig isst anstatt zu schlemmen, ist garantiert **Jungfrau**-Tag. Für Stiere machen **Waage**-Tage den Genuss zum Kunstgenuss, oder Kunst zum Genuss, oder Genuss zur Kunst, oder … Geht der Mond durch den **Skorpion**, dann gibt der Stier nur sehr ungern Geld aus – es sei denn, es ist wirklich gut angelegt … Ist **Schütze**-Tag, dann kann man einen Stier wahrscheinlich dazu bewegen, eine Luxusreise rund um die Welt zu buchen. Steht der Mond im **Steinbock**, dann sollte ein diätwilliger Stier seine Kur beginnen. Jetzt fällt das asketische Leben leichter als sonst. Dass der Mond durch den **Wassermann** geht, erkennt man beim Stier daran, dass er plötzlich aus seinen Gewohnheiten fällt. An einem **Fische**-Tag lässt sich der sonst so bodenständige Stier von irrationalen Gedanken und undefinierbaren Gefühlen gewaltig irritieren.

ERKENNE DICH SELBST

Die im Zeichen des Stiers Geborenen lieben den Luxus. Sie sind Kunst- und Musikliebhaber und geradezu süchtig nach Genuss. Ihre Lebenseinstellung ist ehrlich und unkompliziert. Sie genießen Reichtum und Macht, haben es aber nicht nötig, mit ihren Erfolgen zu prahlen. Man darf ihre Gutmütigkeit und Gelassenheit jedoch keinesfalls als Schwäche auslegen. Sie sind sehr hartnäckig, und mit

S tiergeborene setzen ihre enorme Energie ein, um Stabilität und Sicherheit zu erreichen. Sie sind auch eigensinnig: Wenn es nicht nach ihrem Kopf geht, schalten sie leicht auf stur.

STIER

Der beherrschende Planet des Stiers ist die Venus, der Planet der Liebe und Schönheit. Unter ihrem Einfluss legen Stiere vor allem Wert darauf, sich mit schönen Dingen zu umgeben. Die drei Stierdekaden reichen vom 21.4. bis 30.4., vom 1.5. bis 11.5. und vom 12.5. bis 20.5., und jede von ihnen hat ihre eigenen Kennzeichen. Allen Stieren gemeinsam ist ihre Erdverbundenheit, die ihnen Stärke und Verlässlichkeit verleiht.

ihrer Willenskraft können sie Berge versetzen. Aufbrausend sind sie nicht, doch wenn ihr Zorn einmal geweckt ist, sollte man ihnen besser aus dem Weg gehen! Zu den positiven Eigenschaften der Stiere gehören Geduld, Unerschrockenheit und Großzügigkeit. Sie sind aber auch eifersüchtig, besitzergreifend und verschlossen. Alle Tierkreiszeichen haben ihre bestimmten Glücksbringer. Die Farbe des Stiers ist ein leuchtendes Hellrot, seine Blumen sind das Gänseblümchen und die Butterblume, sein Edelstein der Lapislazuli. Seine Tiere sind der Karpfen, der Jak, der Dackel, die Taube und der Maikäfer. Als sein Glückstag gilt der Freitag.

MENSCHEN DEINER DEKADE

Der auch als Riese oder Jäger bekannte Orion ist das Sternbild, das traditionell mit der ersten Stierdekade verbunden wird. Die in dieser Zeit Geborenen sind selbstbewusste Menschen.

An der Spitze der in der ersten Stierdekade Geborenen stehen vier königliche Häupter: **Isabella I.** von Spanien (22. April 1451), deren Tatkraft und Mut Kolumbus zu seinen Reisen in die Neue Welt anregten; Zar **Alexander II.** (29. April 1818), der wichtige innenpolitische Reformen einleitete, aber als Folge einer repressiven Phase seiner Herrschaft ermordet wurde; **Elisabeth II.** (21. April 1926), die gegenwärtige Königin Großbritanniens, die alle Angriffe auf die Rolle der modernen Monarchie scheinbar mühelos pariert, sowie **Ludwig IX.** von Frankreich, genannt Ludwig der Heilige (25. April 1214, Abb. li.), ein äußerst beliebter König und Kreuzfahrer, der in Tunesien im Kampf für den Glauben fiel.

Der weltberühmte Dichter **William Shakespeare** (23. April 1564) wurde ebenso in dieser Dekade geboren wie der Virtuose **Yehudi Menuhin** (22. April 1916, Abb. u.),

Menschen deiner Dekade

der die Musikwelt schon als Sechsjähriger mit seinem Geigenspiel verblüffte. **Wladimir Iljitsch Lenin** (22. April 1870) führte die bolschewistische Revolution in Russland an Der japanische Kaiser **Hirohito** (29. April 1901) begann seine Regentschaft als gottgleich, schwor aber später seiner Göttlichkeit ab und war »nur noch« Mensch.

Unter den Künstlern ragen vor allem zwei Meister der Darstellung des Lichts heraus: **William Turner** (23. April 1775, Abb. S. 14 o. re.), der englische Maler der Romantik, sowie der Franzose **Eugène Delacroix** (26. April 1798, Abb. o. re.). Beide waren kühne Vorläufer des Impressionismus.

Auch einige große Erfinder wurden in dieser ersten Stierdekade geboren: **Guglielmo Marconi** (Radio, 25. April 1874), **Samuel Morse** (Telegraf und Morsealphabet, 27. April 1791) sowie **Ferrucio Lamborghini** (Sportwagen; 28. April 1916).

Zuletzt ist hier noch eine Reihe von Filmstars zu nennen: etwa **Jack Nicholson** (22. April 1937), der mit seinem mürrischen Charme zu den begehrtesten Schauspielern Hollywoods zählt; **Shirley Temple** (23. April 1928, Abb. o.), die als Kinderstar die Herzen ihres Publikums eroberte; des Weiteren

Uma Thurman (29. April 1970) und **Michèle Pfeiffer** (29. April 1957), beides Schauspielerinnen mit besonderem Sexappeal; und **Barbra Streisand** (24. April 1942), eine Darstellerin, die sich in letzter Zeit rar macht.

Ein Aussergewöhnlicher Mensch

Unter dem Pseudonym Currer Bell veröffentlichte Charlotte Brontë 1847 ihren Roman *Jane Eyre*, der von einem schüchternen, aber tapferen jungen Mädchen handelt, das den reichen und hochmütigen Mister Rochester heiratet. Das Buch wurde sofort ein Erfolg, erregte wegen des unbekannten Autors großes öffentliches Interesse und ist ein Klassiker der englischen Literatur geworden.

Am 21. April 1816 wurde Charlotte Brontë, die englische Schriftstellerin, geboren. Sie wuchs mit ihren beiden jüngeren Schwestern Emily und Anne und ihrem Bruder Branwell in Haworth auf, einem englischen Dorf im Yorkshire-Moor. Nach dem Tod der Mutter wurde das Leben in Haworth für sie alle trist und langweilig. Die Kinder vertieften sich deshalb in phantastische Spiele und erschufen imaginäre Königreiche. Zu dieser Zeit begannen sie auch, Geschichten zu schreiben.

21. April

Mit 19 Jahren wurde Charlotte Lehrerin und unterrichtete an einer Mädchenschule in Dewsbury, bevor sie mit einer ihrer Schwestern für mehrere Monate nach Brüssel ging. 1843 kehrte sie nach Dewsbury zurück und verliebte sich in den Direktor der Schule, einen glücklich verheirateten Mann. Sie verarbeitete diese Erfahrung später in ihrem großen Roman *Vilette*. Abgesehen von ihrem Erfolg als Schriftstellerin verlief Charlottes Leben insgesamt nicht sehr glücklich. 1848 starb ihr geliebter Bruder, drei Monate später ihre Schwester Emily und im folgenden Sommer auch noch ihre andere Schwester Anne. Nun, da Charlotte allein für ihren Vater sorgen musste, konnte sie dem trüben Haworth nur noch auf ihren Reisen nach London und in den Norden entkommen, wo sie Elizabeth Gaskell traf, die ihre erste Biografin wurde. Im Jahr 1854 heiratete Charlotte, doch sie starb schon neun Monate später, vermutlich an den Folgen einer Schwangerschaft.

JANE EYRE.
An Autobiography.

An diesem ganz besonderen Tag

Der berühmteste deutsche Jagdflieger des Ersten Weltkriegs, **Manfred Freiherr von Richthofen (der Rote Baron)**, kam am 21. April 1918 ums Leben, als sein Fokker-Dreidecker in Frankreich von der Royal Airforce abgeschossen wurde. Wegen seines rot lackierten Flugzeugs (Abb. re. u.) war der deutsche Rittmeister bei den Alliierten als der »Rote Baron« bekannt. Noch am Tag vor seinem Tod hatte der erst 25jährige seinen 79. und 80. Abschuss notiert. Als er dann am 21. April sein Jagdgeschwader 1 in die Luft führte, traf er dort auf die Staffel 209 der Royal Airforce, die von Hauptmann Arthur Roy Brown angeführt wurde. Im folgenden Luftkampf über Vaux-sur-Somme schoss Brown den »Roten Baron« ab. Es wurde aber auch behauptet, dass sein Flugzeug von Granaten einer australischen Flakbatterie getroffen worden sei.

Heinrich VIII., der insgesamt sechs Frauen ehelichte, wurde am 21. April 1509 König von England. Er heiratete 1509 Katharina von Aragón, 1533 Anna Boleyn, 1536 Jane Seymour, 1540 Anna von Kleve – er hatte sie anhand eines Porträts gewählt, war aber dann so enttäuscht von dem »Original«, dass er sich schon zwei Wochen später wieder scheiden ließ –, ebenfalls 1540 Catherine Howard und zuletzt 1543 Catherine Parr. Heute überrascht es einen, dass er so

21. April

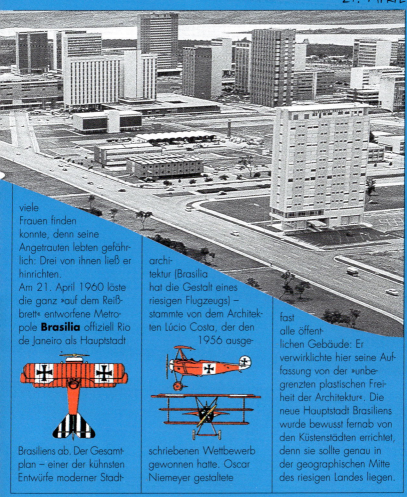

viele Frauen finden konnte, denn seine Angetrauten lebten gefährlich: Drei von ihnen ließ er hinrichten.
Am 21. April 1960 löste die ganz »auf dem Reißbrett« entworfene Metropole **Brasilia** offiziell Rio de Janeiro als Hauptstadt Brasiliens ab. Der Gesamtplan – einer der kühnsten Entwürfe moderner Stadtarchitektur (Brasilia hat die Gestalt eines riesigen Flugzeugs) – stammte von dem Architekten Lúcio Costa, der den 1956 ausgeschriebenen Wettbewerb gewonnen hatte. Oscar Niemeyer gestaltete fast alle öffentlichen Gebäude: Er verwirklichte hier seine Auffassung von der »unbegrenzten plastischen Freiheit der Architektur«. Die neue Hauptstadt Brasiliens wurde bewusst fernab von den Küstenstädten errichtet, denn sie sollte genau in der geographischen Mitte des riesigen Landes liegen.

Ein Tag, den keiner vergisst

Am 21. April 1526 besiegte und tötete Babur, der erste Mogulkaiser von Indien, bei Panipat den Sultan Ibrahim Lodi von Delhi. Baburs Armee, die auf nicht mehr als 12.000 Mann geschätzt wurde, bestand aus gut ausgebildeten Soldaten, die viele Kavallerietaktiken beherrschten und von einer damals neuartigen Artillerie unterstützt wurden. Ibrahim hingegen verfügte über ein größeres Heer von 100.000 Mann und 100 Elefanten, doch seine Taktik war nicht mehr zeitgemäß.

Babur, der mütterlicherseits ein Nachkomme Dschingis Khans war, gewann die Schlacht durch seine Kaltblütigkeit angesichts der feindlichen Übermacht sowie den wirkungsvollen Einsatz seiner eigenen Artillerie. Nur drei Tage nach diesem Kampf eroberte er die Stadt Delhi. Indien war zu dieser Zeit noch kein einheitlicher Staat, sondern bestand aus einer Reihe verschiedener Königreiche. Babur und seine kleine Armee waren nun von mächtigen Feinden umzingelt. Bald rückte denn auch einer der Könige, Rana Sanga, mit einer gewaltigen Armee von 100.000 Kavalleristen und 500 Elefanten an. Babur versuchte verzweifelt, sich die Hilfe der Götter zu sichern,

21. April

indem er rigoros dem Alkohol entsagte, seine Weinfässer zerschlagen und den Wein in einen Brunnen schütten ließ. Die Götter müssen ihn dafür belohnt haben, denn trotz der zahlenmäßigen Übermacht schlug er die heranrückende königliche Armee bravourös in die Flucht. Babur, der auch als Babar, Baber oder als Sahir ed-Din Mohammed in die Geschichte eingegangen ist, musste noch etliche andere Schlachten gewinnen, bevor er schließlich die indische Dynastie der Großmogulen gründen konnte. Doch nicht nur als militärischer Stratege ist er der Nachwelt bekannt, sondern auch als Schöngeist. Babur, der erste Mogulkaiser in Indien, verfasste viele Gedichte, liebte die Natur und ließ im ganzen Land schöne Gärten anlegen. Seine Memoiren gelten als ein Klassiker der östlichen Literatur des Mittelalters. Sie wurden im Jahr 1922 erstmals ins Deutsche übersetzt.

ENTDECKT & ERFUNDEN

Jeden Monat – manchmal sogar jeden Tag – werden große oder kleine Dinge erfunden, die unser tägliches Leben verändern. Auch der April bildet da keine Ausnahme ...

Das **Jo-Jo** wurde von dem amerikanischen Spielzeughersteller Louie Marx erfunden und am 1. April des Jahres 1929 erstmals auf den Markt gebracht. Seither verkauft es sich millionenfach.

Am 15. April 1955 gründete der Verkäufer Ray Kroc die heute weltbekannte Restaurantkette **McDonald's**. Per Zufall war Kroc 1954 im kalifornischen San Bernadino auf den Hamburgerstand von Richard und Maurice McDonald gestoßen. Sofort erkannte er die riesigen Marktchancen. Ray Kroc, der 1983 starb, nutzte die Methoden der Massenproduktion und machte so aus dem Mc Donald Burger das erfolgreichste Fastfoodprodukt aller Zeiten.

Am 21. April 1913 ließ sich der amerikanische Erfinder Gideon Sunback, der aus Schweden stammte, den **Reißverschluss** patentieren. Seine Erfindung geht auf einen ersten erfolglosen Ansatz aus dem Jahr 1893 zurück. Damals hatte ein gewisser Whitcomb Judson versucht, Schuhreissverschlüsse auf den Markt zu bringen, was ihm aller-

ENTDECKT & ERFUNDEN

dings nicht gelang. Sunbacks Erfindung jedoch wurde zu einem weltweiten Erfolg, als die Armee diesen neuartigen Verschluss gleich in größeren Mengen orderte.

Im April 1922 gelang es Frederick Banting (Abb. re.) zusammen mit einem Kollegen, C.H. Best, das Hormon **Insulin** in ausreichenden Mengen zu isolie-

ren. Dadurch konnte im Lauf der Zeit sehr vielen Diabetikern das Leben gerettet werden. Ein Jahr später, 1923, erhielt Banting dann den Nobelpreis für Medizin.

Der erste **Taschenrechner** trat im April 1972 seinen Siegeszug an. Der geniale englische Erfinder Clive Sinclair hat ihn entwickelt.

Auch viele andere berühmte Erfindungen kamen im April heraus: Am 6. April 1938 erfand zum Beispiel Roy Plunkett aus New Jersey im Grunde zufällig **Teflon**, ein Material, das heute viel für Antihaftpfannen verwendet wird. Eigentlich war er auf der Suche nach einer neuen Art von Kühlmittel.

In London wurden am 1. April 1814 erstmals Straßen mit **Gasstraßenlampen** beleuchtet.

Im Rhythmus der Natur

Zweimal im Jahr machen sich die Schwalben auf ihre weite Reise: Im Herbst fliegen sie in den warmen Süden Afrikas, um im Frühling den langen Weg zurück nach Europa anzutreten. Schwalben haben einen langen, gegabelten Schwanz und sehr große Flügel. Sie sind hervorragende Flugkünstler. Ihr Federkleid ist blau- bis schwarzglänzend.

Die Obstbäume blühen, der Frühling steht vor der Tür – eine Zeit des kraftvollen Neubeginns in der Natur. Die Rückkehr der Schwalbe gilt weltweit als sicherster Vorbote wärmeren Wetters.

FRÜHLING

Die japanische Zierkirsche gehört inzwischen auch in unseren Breiten zum Bild des Frühlings. Der Baum stammt ursprünglich aus China und spielt dort als Symbol nationaler Identität eine wichtige Rolle. Auch als Bildmotiv ist der Baum allgegenwärtig, so zum Beispiel auf der oben abgebildeten Spielkarte.

Im Frühling fliegen die Bienen und andere Insekten von Blüte zu Blüte, saugen deren Nektar ein und bestäuben sie. Es ist die Zeit der Fortpflanzung im Tierreich. Manche Vögel legen Tausende von Kilometern zurück, um ihren Partner zu finden. Im März machen sich die Weibchen der Spermwale auf den langen Weg von den arktischen Meeren bis nach Sri Lanka, um auf die Männchen ihrer Art zu treffen. Seehundweibchen wiederum zieht es in dieser Jahreszeit von Grönland an die Küsten Kanadas, um dort an Land ihre Jungen zur Welt zu bringen, die dann leider allzu häufig als Beute von Felljägern enden.

25

So feiert die Welt

April, der Monat der Wiedergeburt und der Erneuerung, ist auf der ganzen Welt ein Monat voller Feste und Feiern, die allesamt auf die eine oder andere Art mit dem beginnenden Frühjahr zu tun haben. Für Christen ist Ostern das zentrale Fest. Karfreitag und Ostersonntag sind die wichtigsten christlichen Feiertage, weil an diesen Tagen Christus gekreuzigt wurde und dann wiederauferstanden ist. Im Unterschied zu anderen christlichen Festen ist Ostern beweglich: Es fällt immer auf den ersten Sonntag nach dem ersten Vollmond, der auf den Frühlingsanfang folgt.
Die Juden feiern im April das Passah-Fest, das an ihren Auszug aus Ägypten erinnert, wo das jüdische Volk viele Jahre in Knechtschaft verbracht hatte. Das achttägige Fest beginnt mit der Seder-Nacht, in der traditionsgemäß jeder Vater seinen Kindern die Geschichte von Moses, den Zehn Plagen und der wundersamen Durchquerung des Roten Meeres erzählt.
In Südostasien feiern die Buddhisten, deren Kalender sich nach dem Mond

richtet, ihr Neujahrsfest. Jeder Gläubige nimmt ein rituelles Bad und zieht sich neue Kleider an, was die Reinigung von Körper und Seele mit dem Beginn des neuen Jahres symbolisiert. Wasser ist bei dieser Feier von sehr großer Bedeutung. Bisweilen bespritzen die Menschen einander damit und sind dankbar für die willkommene Erfrischung, da in diesen Breiten April der heißeste Monat des Jahres ist. In Thailand wird Songkran gefeiert, wobei sogar Häuser, Statuen und Tempel »gebadet« werden. In Birma nennt man es das Thingyan-Fest (Fest des Wandels), und es dauert drei Tage. Auch in Chinas Yunnan-Provinz wird

FESTE IM APRIL

Mitte April traditionell Wasser verspritzt, um die Trauer und die Sorgen wegzuwaschen.

Doch nicht alle Feste sind religiöser Art: Die spanischen Ferias gehen auf Viehmärkte im 13. Jahrhundert zurück. Die berühmteste Feria ist die von Sevilla. Sie läutet eine Zeit der Festivals ein, die drei Monate dauert und während der auch alle umliegenden Dörfer ihre eigenen Feste veranstalten. In Sevilla wird es traditionsgemäß mit einem Stierkampf eröffnet. Die andalusischen Reiter

lassen sich auf ihrem Ritt durch die Stadt gern von unzähligen Zuschauern bewundern. Schließlich werden im April auch einige Erntefeste gefeiert, zum Beispiel das Fest des Heiligen Georg, das am 23. April stattfindet und besonders auf Kreta, in Polen und in Spanien begangen wird.

Die Idee für den Tag

① Teile aussägen

② Drehmechanismus

③ Flügel befestigen

Material:

20 mm dickes Fichtenholz (Körper)
3 mm dickes Sperrholz (Flügel)
Vierkantholz, 25 x 25 x 250 mm
Rundhölzer mit Ø 10 und 20 mm
2 Messingrohre (Ø 5 mm, je 25 mm lang),
2 Unterlegscheiben
2 Schrauben, 3,5 x 60 mm

1. Einzelteile aussägen
Körper aus Fichtenholz und 4 Flügel aus Sperrholz aussägen, die Kanten schleifen. In der angegebenen Dicke je ein Loch (Ø 20 mm, 1) für die Flügelbefestigung und ein Loch (Ø 10 mm, 2) für das Standholz bohren.

2. Drehmechanismus anfertigen
Vom Vierkantholz 2 je 11 cm lange Stücke abschneiden, die Enden 2 cm tief diagonal, jeweils um 180 Grad versetzt, zum Einschieben der Flügel einsägen. Mittig durch die Hölzer je ein Loch (Ø 5 mm) bohren. Die Messingrohre in die Bohrungen stecken. Schraube durch eine Unterlegscheibe, dann durch das Messingrohr schieben und in ein 14 cm langes Rundholz (Ø 20 mm) mittig einschrauben. Rundholz durch die Bohrung im Körper stecken, andere Seite gegengleich befestigen.

3. Flügel befestigen und Windspiel bemalen
Flügel in die Einschnitte an den Vierkanthölzern stecken, eventuell mit Kleber fixieren. Hahn auf das zweite Standholz stecken. Nach Belieben bemalen.

Der Lenz

Da kommt der Lenz, der schöne Junge,
Den alles lieben muß,
Herein mit einem Freudensprunge
Und lächelt seinen Gruß;

Und schickt sich gleich mit frohem Necken
Zu all den Streichen an,
Die er auch sonst dem alten Recken,
Dem Winter, angethan.

Nikolaus Lenau